엄마야 말 잘 들을게

엄마야 말 잘 들을게

초판인쇄 | 2024년 10월 20일　**지은이** | 김종배　**펴낸이** | 김영태
펴낸곳 | 도서출판 한비CO **출판등록** | 2006년 1월 4일 제25100-2006-1호
주소 | 41967 대구시 중구 남산2동 938-8번지 미래빌딩 3층 301호
전화 | 053)252-0155 **팩스** | 053)252-0156 **홈페이지** | http://hanbimh.co.kr
이메일 | kyt4038@hanmail.net
483
ISBN 9791164871483 04810
　　　 9788993214147(세트)

값 13,000원

*잘못된 책은 교환해 드립니다.
*저자와의 협의로 인지는 생략합니다.

엄마야 말 잘 들을게

김종배

시/인/의/ 말

바닷가 모래알처럼 세월이 흘렀습니다.
삶의 풍파를 헤쳐 오며 깨달은 소중한 것들을 시에 담았습니다. 변치 않는 자연의 아름다움 속에서 발견한 인생의 진리를 함께 나누고 싶습니다.

후포의 푸른 파도와 해돋이를 바라보며 쓴 이 시집이 여러분의 삶에 작은 쉼표가 되길 바랍니다.

목/차

/제1부/

웃음꽃 활짝

당신과의 인연에
맑고 순수한 마음을
곱게 접어 전합니다.

빈 둥지_12 선택한 길_13 내 가슴에 바다가 산다_14 우리 집 장미_15 엄마 생각_16 화병_17 고기 잡는 어부_18 세월이 가긴 가는 모양이다_19 낙원_20 보릿고개_21 백야_22 길_23 생일_24 무섭지 않다_25 달리는 인생_26 오일장_27 다시 꽃 피울 때_28 아침 이슬_29 봉선화_30 사랑 길_31 오래 사시소_32 연락선_33

/제2부/

달빛 연못 위

홀로 앉아
호수의 잔잔한 물결에 여울지는
바람의 이야기를 듣는다

풍년_36 화사한 봄꽃으로_37 계절은 가면 또 온다_38 태풍 지나고_39 춘삼월_40 달력_41 황태_42 가을 그 뒷자락_43 절망의 소유_44 야속한 세월_45 소리_46 고목 생화_47 봄이 오는 소리_48 이렇게 되었습니다_49 거울 속의 내 모습_50 꽃 마음_51 남호(후포)_52 운명_53 수심_54 낭만_55

/제3부/

시간의 벽

어디에 숨어 있느냐?
정녕, 너를 찾아 헤매는 발길은
너무도 허전하고 가슴 시려라

엄마야 말 잘 들을게_58 엄마 마음_59 초등학교 추억_60 꽃가마_61 명사 이십 리_62 불면의 시간_63 세월_64 붉은 작약_66 애련_67 하루_68 외로움_69 기다림_70 봄이 오는 비_71 바다에 내리는 비_72 보이지 않는 마음_73 오월의 장미_74 절망의 소유_75 파도_76 자책(自責)_77 상실 혹은 파괴_78 욕심_79

/제4부/

따스한 햇볕 아래

시인의 꿈이 꿈틀대며
가벼운 마음 담아
떠나는 여행

겨울나무_82 늙은 詩人의 午後_83 한가위 달_84 사랑해서 미안한 것들에게_85 꿈을 찾아_86 눈부심에 베이다_87 햇볕에 말린 이불_88 아카시아 향기에 붙여_89 울진 바다_91 후포에서_92 용궁암에서_94 길_95 후포항_96 살아간다_97 해변 풍경_98 시월의 밤_99 길_100 인생은_101

/제5부/

내일을 향한 꿈

무지개를 담고 있는
맑은 물방울에
지긋이 마음이 건너간다

옛정_104 지혜의 삶_105 까마득한 추억_106 선택_107 대게 축제와 풍파_108 만족_109 봄_110 주름_111 여행_112 후포에 가면_113 구름 병아리_114 자연 찬미_115 담쟁이_116 파도를 보면서_117 내 안에 집_118 때때로 그리운 사람을_119 서리_120 날개_121 소풍_122 산수유_123 바람아_124 모순_125

*작품해설(김영태)_126

/제1부/

웃음꽃 활짝

당신과의 인연에
맑고 순수한 마음을
곱게 접어 전합니다.

빈 둥지

쉬었다 떠난 자리
영혼의 그림자
바람을 불러본다

가는 바람
돌아보지 아니하고
오는 바람
자리 없어
쉬어가지 못하니

그림자 먼 길 떠나
빈 둥지로 남겨 둔다

선택한 길

눈을 뜨면
이 걱정 저 걱정
이리 뛰고 저리 뛰고
돌아보면 하루가 지나고

이리가도 내 할 일
저리가도 내 할 일
가는 곳 마다 일은 태산 같고
해도 해도 끝이 없어
밤이 왜 생겼느냐 소리치며

일하다가 힘이 들면
쉬었다가 하더라도
포기하지 않겠다는 말
당신과 약속한
길을 걸어갑니다

내 가슴에 바다가 산다

집 앞에 바다가 있지만
내 가슴에도 바다가 있다

배를 띄우지 못하고
수평선이 없지만
내 가슴의 바다는
집 앞의 바다보다 더 넓고 깊다

어떤 땐
돛배 하나 띄워 유유히 노닐고
파도가 치면 파도 위에서
바다를 뛰어 다닌다

집 앞의 바다보다
푸르고 깊고 넓은
내 안의 바다는
부르지 않아도 찾아와
내 가슴을
출렁이게 한다

우리 집 장미

우리 집 담장 위에
줄 장미 봉실봉실
분홍 장미 빨간 장미
꽃향기 가만히 쥐고 있다

오는 사람 한 줌
가는 사람 한줌
향기 선물로 주니
오가는 사람들
웃음으로 대답하고 지나간다

우리 집 빨간 장미
사랑의 가로등으로
골목길 환히 밝히고
향기로 행복을 준다.

엄마 생각

마룡산 친정마을 어린 자식
그늘에 눕혀놓고
오뉴월 삼복더위
서숙 밭 메다가
목에 걸친 삼베 수건
얼굴 닦고 밭에 앉아
호무자루 옆에 놓고

겨떡 먹고 물마시고
서산에 해가 질 무렵
어린자식 등에 업고
친정 마을 떠나올 때
고생한 엄마 생각
발걸음이 무겁다

화병

꽃을 피운 것 같은
가슴 가득한 포만감으로
볕 잘 드는 창가에 서서
꽃을 피우지 못하면서
자신이 피웠다고 착각하는 화병

시간이 지나서 꽃이 지고
다시 피우려 해도
피울 수 없을 때
자신이 꽃을 피운 것이 아님을
알게 된 화병의 깨달음

많은 시간이 흘러
늙고 병들어서야 알게 된
화병이 가진 진실
나는 이제야 시간 앞에 반성하네

고기 잡는 어부

이른 새벽
목선 배 그물 싣고
바다를 향하여
노를 저으며 나아간다

어부는
어히야 디야 어히야 디야
노래 가락 맞추어
노를 젓는다

노래 소리 따라
던지는 그물마다
고기가 가득

하늘엔
햇빛이 만선이고
고기도 만선이요
기쁨도 만선이다

세월이 가긴 가는 모양이다

커오는 아이들을 보아도
숫자로 매겨지는 내 나이가
불혹의 세월을 훌쩍 넘어서도
가는 세월을 알지 못하고
그냥 그대로 있는 걸로 알고 있었다

명절날 차례상 앞에서
제례를 기다리며 늘어선
줄서기에 아득히 아래였던 내 자리

한 해 한 해 지나갈수록 앞으로 당겨져
술도 한배 칠 수 있는 자리에 이르러
한 잔의 술을 치면서
가는 세월의 모진 발자욱을 본다

작년에 술을 올리던 형님이
차례상 위에서 술잔을 받으시고
작년에 제문을 읽던 형님이
하얀 병실에 계신다

어느 쯤에는
나도 향내 나는 술을 마시며
징검다리처럼 엎드린 등을 보리라

낙원

칠보산 능선에
그림 같은 하얀 집
따끈한 차 한 잔에
목을 축였다

계곡에 물소리
노래로 흐르고
새소리 바람소리
장단을 맞춘다

칠보산 능선에서
자연을 가득 안는
추억을 쌓아가며
자연에 행복을 가진다

보릿고개

죽을 둥 살 둥 모르고
종일 일 하고 허기진 배
보리밥 물에 말아
배 채우던 보릿고개

가마솥에 죽 한 솥 끓여
쌀보다 물이 많은 죽
배불리 못 먹고 접힌 배
밤이 되면 배고파
배추 뿌리 깎아 먹고살던
한 맺힌 보릿고개

이제는
가깝지만 먼 옛날 얘기
요즘에는
전설보다 더
믿기지 않는 이야기

백야

침침하게 주저앉아 있던 어둠으로
흰 눈이 내리던 저녁
어둡던 들판이 백야로 밝혀진다

눈 그치고 달빛은
아름다운 빛으로 눈밭은 물들이고
별들을 재잘거리며
눈밭을 돌아
사람들의 골목 여기저기를 돌아다닌다

대밭에 사르륵 사르륵 흰 눈 쌓였고
구름 한 점 없는 들판은
순결한 마음처럼 보송한 융단이 되었다

길

길 위에는 아무도 없었다
비가 내려 적막한 길

나만 있고 나만 가는
비탈진 길을 오늘도 걷는다
비가 내려 비에 젖어
발걸음 힘들어도 걷는다

누구도 돌보지 않는
시간 속에서
아프고 지치고 힘들어도
누구에게 하소연하지 못하고
누구도 들어주지 않는

그 비탈진 길을
비를 맞으며
아주 오랫동안 걷고 있다

생일

당신,
오늘 무슨 날인 줄
알고 있소

당신이 세상에 태어난
오월 십삼일 오늘이랍니다

당신이 세상에 태어난 것이
세상이 준 가장 큰 선물이오

당신과의 인연에
맑고 순수한 마음을
곱게 접어 전합니다.

사랑합니다.

무섭지 않다

사랑하지 않는 것보다
사랑하는 것이 더 무서운

죽는다는 것보다
열심히 산다는 것이 더 무서운

없는 것보다
있는 것이 더 무서운

생각나지 않는 것보다
생각나는 것이 더 무서운

무섭고 무서운 것 천지에서
무서운 것이 무섭지 않아
더 무서운 더 무서운

달리는 인생

인생은 달린다
예고 없이 쉬지 않고
어디론가 세월 속을 달린다

때로는 새벽에
때로는 밤에
짧은 웃음을 짓고

들로 산으로 바다로 호수로
절벽 아래 부딪히며 눈물을 짓고
긴 한숨 쌓인 구석을 파고든다

기름진 땅에도 살아남지 못한 생명
모래사막에서 살아남은 생명
하염없이 세월은 흘러간다
인생은 달리며 숨바꼭질한다.

오일장

나무 한 짐 팔고
돌아보면 먹을 것도 많고
구경거리도 많다

여러 동네 사람 모여
물건 사고팔고 사람 만나
소간 보고 쉬는 날

시집간 딸 사돈 만나
국밥 한 그릇 막걸리 먹고
아들 검정 고무신 사 가지고

간 고등어 한 손
지겟가지에 묶어
지게 목발 두드리고
노래하며 집에 오면
다음 장날 기다려진다

다시 꽃 피울 때

시들어가는 희망을
다시 꽃 피울 때
그 빛의 힘은 대단한 용기와 희망의
보람이었다

나는 지금 저 하늘을 우르르 보면서
어린 소년 시절을 그리워한다

어른이 된 지금
자그만 희망 속에서
나의 전 생애의 노력을 채찍질할 때
흘러간 시간은
나 모르게 앞질러 간 지금의 마음은
옛날이 그리워진다

아침 이슬

밤새 지치도록
달빛을 디디고 다니던
바람들이

별들이 바다를
건너는 긴 밤 지나자

햇살 밝은 아침에
반짝이는 물방울
창가에 매달아 놓았다

무지개를 담고 있는
맑은 물방울에
지긋이 마음이 건너간다

봉선화

예쁜 꽃 봉선화야
붉은 꽃 나를 주면
우리 진아 열 손가락
손톱에 예쁜 물감
선물 주게

사랑 길

힘들게 살다 보니
눈뜨면 근심 걱정

사랑싸움하지 않고
마음 비우고 살아가니

웃음꽃이 보이고
사랑 길이 보이네

오래 사시소

할매요 할배요
오래 사시소

밥 잘 자시고 잘 주무시고
동네 가서 놀다가 오시고요
손자손녀 시집 장가보내고

손자소녀
증손자보시고
오래오래 사시소

웃음꽃 활짝
할매 할배요

연락선

안개 낀 후포 항구
부둣가에 앉은 갈매기가
하늘 나르고
구슬픈 등대 소리
마음 슬프게 하네

두고 온 부모형제 인사 못하고
님 실은 연락선
고동소리 울리며
떠나간다

/제2부/

달빛 연못 위

홀로 앉아
호수의 잔잔한 물결에 여울지는
바람의 이야기를 듣는다

풍년

정월 보름날 오곡밥 먹고
윷놀이하고
놀다가 가세

풍월 소리에 지신 밟고
춤도 추고 소리하고
놀다 가세

정월 대보름
달보고 올리는 기원
모두 이루어지고

집집마다
오곡밥 짓는
고소하고 구수한 냄새

화사한 봄꽃으로

창문으로 내다보이는 바다 위에
출렁이는 달빛을 본다

어둠을 밝히는 꽃처럼
환하게 웃으면
파도를 타고 있는 달빛

바다 멀리서
작은 배 하나
출렁이는 달빛을 향한다

창문은 이제
바다가 되어
내 마음을 달빛으로 물들인다

계절은 가면 또 온다

봄이 와 있으면
여름이 찾아와 봄을 보내고

가을이 찾아와
여름을 보낸다

겨울이 찾아와
봄, 여름, 가을을
데리고 방으로 들어간다

가면 오고 가면 오고
우리의 삶도
가고 오면 좋으련만

태풍 지나고

태풍이 지나간 뒤
우리 집 초가지붕 날아가고
논밭은 간 곳 없고
감나무가 쓰러져
마당에 감이 물에 떠다니고
마을 사람 모여 앉아
서로 얼굴 보고
하늘 보니 가슴이 무너질 것 같고
한숨뿐이더라
억장이 태풍에 무너지고
살 길 보이지 않았어도
서로 돕고 위로하던
그 때가
근심걱정 없어도
지금의 냉랭한 이웃보다 그립구나

춘삼월

춘삼월에
떨어진 고무신 묶어 신고
물안개 피어있는
강가에 버들강아지
꺾어 들고
양지 바른 곳에 앉아
버들피리 소리 반주에
노래하던
추억이 그립구나

달력

한장 한장 없어지는 달력
얇아질수록 세월은 쌓인다

마지막 한 장
마음은 다급해지고

오라고 손짓하여도
다시 오지 못하는 세월

달력은 세월을 잃고
나는 세월을 쌓는다

세월 잃어가는 달력이
나이를 쌓아두고 간다

황태

칠갑산 덕장에
발가벗고 매달려
하얀 눈옷을 입은 명태

산 중턱에서 내려온 골바람
시린 몸을 안고 흔들흔들 춤을 춘다

북쪽 바람과 눈을 맞으며
산전수전 다 겪자
황태라는 이름표를 달았다

세상에 휘둘려
온갖 풍상 몸에 새겨도
나는 새로운 이름을 얻지 못한다

가을 그 뒷자락

말라버린 가슴의 억새만
모든 것 죽은 듯이 머리누인 들녘에
외로운 몸짓으로 하늘을 이고 섰고

더 이상 떨쳐낼 잎도 없는 나무는
버려진 풍경으로 눈 옆에 비켜서서
제 무딘 껍질 속으로 웅크리는데

빛깔고운 이야기 가득한 너는
어디에 숨어 있느냐?
정녕, 너를 찾아 헤매는 발길은
너무도 허전하고 가슴 시려라

절망의 소유

시간의 등을 보면서
흔들리지 않기로 했었다
한걸음에 아득히 멀어지는
붙잡을 수 없는 거리 사이에

아~
시간과 나는 얼마나 떨어져 있을까
바라는 것들은 가슴에 눈물로 되어
지지 않는 별빛이 되어도
나의 약속은 무참히 깨어지고

쓸쓸히 홀로 가는 시간 위에서
갖고 싶은 것들이 나를 절망하게 한다

야속한 세월

한해가 지나면 찾아오는 나이에
젊음은 멀어지고
잔소리만 늘어난다

돌처럼 굳어지는 마음에
몸 구석구석 파고드는 아픔이
속일 수 없는 나이를 알려준다

가는 곳은 병원
들고 다니는 약봉지에
지워져 가는 인생길

소리

나이가 들면 내는 소리가
아야, 아야…

앉아도
서도
아야, 아야…

내 몸은 종합병원
찾는 것은 약봉지
눈을 뜨면
제일 먼저 내는 소리
아야, 아야…

고목 생화

화목 고목이
겨울 눈옷을 입고
외로이 화기를 기다린다

고목의 나뭇가지 끝자락에
매달린 꽃 한 송이
세상 보고 웃다가

한 잎 두 잎 떨어져도
고목은 세월을 안고
화기를 기다린다

봄이 오는 소리

봄이 오는 소리
듣지 못하니
나뭇가지 움트는 소리
하늘에 귀 만들어
샘물 소리 듣게 한다

봄이 오는 소리
냇가로 와
빛으로 앉으니
바람 불러
동산에 꽃씨 뿌리고
흙 향기로
푸른 하늘 불러본다

봄이 오는 소리
땅을 깨우니
나뭇가지 눈을 비빈다

이렇게 되었습니다

눈을 뜨니 발이 없어요
찾아보고 또 찾아봐도
보이지 않았어요

발달라고
소리치고 울어 봐도
찾아 줄 사람 없고
영원히 내 곁을 떠나갔어요

휠체어가 자동차
목발이 발이 되었습니다

원망도 후회도 없는 마음
운명으로 받아들입니다

감사한 마음
다시 태어난 마음으로
시작합니다

거울 속의 내 모습

얼굴에 새겨진 주름은
함께 했던 사람들과
웃고 울던 시간의 흔적
모두 떠나고 혼자 남았네

희뿌연 머리칼은
사랑했던 사람들과의
퇴색되어 가는 기억의 흔적
저무는 시간에 혼자 남았네

사람들 떠난 자리
후포의 바닷바람 소리는
떠난 사람의 발걸음 흔적
아쉬움의 시간에 홀로 남았네

텅 빈 자리에 남겨진 왜소한 몸
거울 속의 내가 나를 보고
세월은 데리고만 간다고
아쉬운 눈물을 흘리네

꽃 마음

꽃핀 자리 앉았으면
꽃만 보입니다

어느새 꽃이 되어
바람에 웃다가
바람을 타고 날아갑니다

내 사랑하는 것들이
훈풍이 되어
나를 데리고 갑니다

거기에
꽃밭이 있는 것을
이제야 알게 됩니다.

남호(후포)

못골 말미등(말등)
용이 허리를 감고
남호(후포) 바다
떠 오르는 붉은 태양
입에 물고
남호(후포)를 밝혀 주고
천 년 만년
남호(후포)를 지켜주네

운명

네 마음 손에 쥐었다가
손을 펴면 떠날까봐
가슴 속에 넣어두고
네 이름 잊혀질까 봐
가슴 속에
문신을 새겨 놓고

네 얼굴 잊혀질까 봐
내 눈 속에 넣어두고
너를 그려본다

수심

근심 걱정하다가
잠 한 숨 못자고
이 생각 저 생각하다가
기와집 짓고 나니
마음만 부자고

밤새껏 지은 기와집도
날이 새면 간 곳 없고
허전한 마음뿐이더라

노력 없이 걱정한들
무슨 소용있겠는가
근심 걱정하다가는
건강만 잃게 되네

낭만

보름 달빛 연못 위에
오두막집 등잔불 아래
주안상酒案床 차려놓고
우리 마주 앉자

연잎 술잔에 술을 가득 채워
자네 한 잔 나 한 잔
연뿌리 갈아 입에 넣고
자네 소리 내 소리에
어깨춤이 둥실둥실

구름도 춤을 추고
새들도 춤을 추고
추억을 남겨 놓고
세월은 가는 구나

/제3부/

시간의 벽

빛깔고운 이야기 가득한 너는
어디에 숨어 있느냐?
정녕, 너를 찾아 헤매는 발길은
너무도 허전하고 가슴 시려라

엄마야 말 잘 들을게

엄마야 가지 마라
날 두고 가지 마라

밤이 되면 재워 놓고 떠날까
잠 한숨 못 자고
엄마 가면
누구하고 같이 사노

3월 달 입학식 날 새 옷 입고
가방 메고 엄마 손잡고
학교 가야 되는데
엄마야 가지 마라

학교 잘 다니고 공부 잘하고
말 잘 들을게
엄마야 가지마라
엄마야

엄마 마음

엄마가 타고 온 꽃가마
딸도 타고 시집 가네
우리 딸 열손가락 봉숭아 꽃물 들이고
어려운 살림 배불리 못 먹이고
새옷 한 번 못 입힌 힘들었던 그 시절
엄마가 미안하구나

어렵고 힘들어도 참고 살아야 한다
엄마가 어찌 말로 해서 너가 알까
자식 낳고 살다보면 엄마 마음 알거다
어서 가거라 건강하고 자식 낳고
잘 살아라
가마 타고 골목길 돌아설 때
돌아 선 엄마의 눈물

초등학교 추억

찌그러진 필통 몽땅 연필
검정 고무신에 떨어진 옷 입고
책보자기 어깨 메고 학교 간다
운동장에는 친구들 여기 저기 모여
제기놀이 딱지놀이 구슬치기 하면서
싸우고 웃다가 눈물 콧물 소매 끝에 닦고
여시개들 모여 고무줄놀이 공기놀이 구경하다
땡 땡 땡 종소리 모두가 교실로 숨차게 뛰어간다
선생님 오신다고 조용하 하자고 모두가 소리친다
선생님 들어오시면 반장이 차려엇!
선생님께 경례 안녕하십니까?
인사 소리에 교실이 떠나간다

숙제 검사부터 수업 시작
못해온 학생 앞으로 나가 벌 받는 순간
부끄러움은 잠시 마음은 급식
옥수수빵 우유 한 컵 받아먹는 급식 날이
추억에 찍힌다

꽃가마

우리 엄마
꽃가마 타고
시집오실 때
반짇고리 요강
가지고 오셨다더니

꽃가마 타고
저승 가시는데
빈손으로 가시네

명사 이십 리

푸른 동해의 풍광
고래불 명사 이십 리
바다와 하늘이 함께 걷는 곳.

바다가 푸르게 출렁이면
여기저기 떠 있는 배들은
파도에 맞춰 춤을 추고
눈 끝에서야 사라지는
백사장 이십 리 길 황금빛으로 빛나면
늘어 선 소나무 푸른 향기로 화답한다.

불면의 시간

틱! 틱!
무딘 도끼 날로
장작을 패듯이
두터운 시간의 벽을
초침이 쪼갠다

지척도 보이지 않는
어두운 방안에서
끝도 없을 시간을
장작을 패듯이
초침은 쪼개고 있다

눈 한번 깜박일 시간이
숨 한번 뱉을 시간이
이 밤엔 이리도 긴데
긴 시간 어디 보내고
머리가 하얗게 물들었나

세월

백발성성
얼굴은 주름지고
기력은 바람 빠진 풍선이고
눈도 아득해져 세상이 흐리다

지팡이가 구부러진 몸을 지탱하고
늙어있는 세월만이 친구다

내 청춘 시들어갈 때
함께 했던 사람 모두 떠나고
바람에 날리는 껍질 같은
기억만이 남아
옮기는 걸음마다 추억이 찍힌다.

천륜

어젯밤도 울었네
오늘밤도 가슴은 시려온다
너와 나는 천륜으로 맺어졌는데
내 평생 아픈 마음 누가 알까
너 괴롭고 슬픈 마음 열 번이면
내 아픈 마음 천번만번
가슴 속에 묻어놓고
너를 잊으려면
내가 눈을 감으면 너를 잊으리라

붉은 작약

당신이 오시기까지
확확 달아오른 가슴
함박웃음으로 붉게 피워 올려
열두 겹 꽃잎을 고스란히 펼쳐
헐떡이는 뜨거운 볕 밭
붉은 바다로 일렁이게 만들어
불씨 같은 사랑 한줌
성스러운 흔적으로
영혼에 각인시켜
혼자 기다리다 지쳐 버려도
축원의 붉은 언덕을 이루어
함박웃음 잃지 않고 춤을 추리다

애련

그대 이름 잊혀질까
내 마음 깊이
각인 시켜놓고
그대 얼굴 잊혀질까
내 눈 속에 묻어놓고
그대 마음 떠날까
내 가슴에 새겨놓고
그대 청춘 내게 숨겨놓고
늙어간다

하루

남산에 뜨는 해가
붉게 기울고
어둠이 밀려와
밤이 시작되면
괴로운 밤이 그대 울리고
희뿌연 새벽
파아랗게 어둠이 밀려가면
그대 다시 밝은 하루가 두렵다
문신으로 남은 기억들이
그대를 울리고
다시,
어둠이 찾아들면
하루의 슬픔은 밤부터 시작된다

외로움

달 밝은 밤에
호숫가를 찾아
혼자 앉아본다
달도 별도
빛으로 엉켜
꽃 같은 웃음을 짓는데
발걸음 가볍게
인생길 넘고 넘으면
님이 방긋 웃음으로 달려 올건가
홀로 앉아
호수의 잔잔한 물결에 여울지는
바람의 이야기를 듣는다

기다림

가을이 가기 전에
붉은 단풍잎
방석 만들어 놓고
기다리는 겨울이
갈팡질팡하더니만
날아오는 흰눈이
성큼 다가와
방석에 앉아
봄을 기다리네

봄이 오는 비

겨울이 가면서
내리는 비는
상쾌한 운율을 가지고
굳은 땅을 춤추게 하여

아하~~

마른풀 누운자리에
빗물 머금은 잎하나
푸르게 시작되는 첫걸음으로

봄은
겨울비를 거슬러
우쭐우쭐 화려한 몸짓으로
찬란한 걸음을 옮긴다

가는 비 그치고 나면
마른가지 굳은 속살로 부터
환한 봄의 웃음이 시작 되리

바다에 내리는 비

비가 오는 바다는
비를 타고 일제히 하늘로 향한다

먹구름 덮인 하늘로 올라가
그리운 눈물을 줄줄이 쏟아 붓는다

그 눈물에 바다가 뒤척이고
아쉬운 마음이 출렁인다

하늘로 올라간 바다가
다시 바다로 내려올 때

잠자던 숲도 깨어나
그리움에 후드득 소리를 지른다

보이지 않는 마음

달도 별도 잘보이고
님도 사랑도
잘보이는데

님의 사랑은
겉만 보이고
마음은
보이지 않네

오월의 장미

오월의 여왕
붉은 장미
도도하게
피어올라

가는 봄의
발길을 어지럽혀
아쉬운 옷자락
거두어 들이지 못하고

새벽마다 이슬이
꽃잎에 아롱지고
뒤척이는 봄꿈이
붉은 꽃봉오리 흔들어

붉은 입술로
사랑의 혼을 가두고
만발한 향기로
사랑의 정을 거두어

어지러운 환락의 시간으로
가는 봄의 걸음을 도운다

절망의 소유

시간의 등을 보면서
흔들리지 않기로 했었다
한걸음에 아득히 멀어지는
붙잡을 수 없는 거리 사이에

아~
시간과 나는 얼마나 떨어져 있을까
바라는 것들은 가슴에 눈물로 되어
지지 않는 별빛이 되어도
나의 약속은 무참히 깨어지고

쓸쓸히 홀로 가는 시간 위에서
갖고 싶은 것들이 나를 절망하게 한다

파도

새벽 일찍
뒷동산에 올라
맑은 공기를 마시며
바다를 내려다본다

파도는 넘실넘실
변함없이 춤을 추며
백사장으로 달려와
제 몸을 부딪친다

물거품이 되어 사라져도
포기하지 않는 파도
살아온 길이
파도의 포말로 빛난다

자책(自責)

살아가면서 되는 게 하나도 없고
살아가면서 이룬 거 하나 없다
미치도록 사랑하여도 미치지도 않고
죽도록 슬퍼해도 죽지도 않고
열심히 살아도 땀이 고이지 않는다

눈물이 난다.

하나의 절정으로
간절히 살지 못하고
여기 저기 기웃만 거리다
몸은 병들고 정신은 나약해지고
시간은 돌아오지도 않는다

상실 혹은 파괴

비우기를 하여도
비워지지 않고
채우려고 하여도
채워지지 않고
담겨지기를 하여도
담겨지지 않고
깨트리려고 하여도
깨지지도 않고

이것도 저것도 아닌 채로
어영부영 지나는 시간에
체념의 눈물을 짓다가
찌꺼기가 되어 남았습니다.

욕심

세상에는 내 것이라고는
아무것도 없어도
사람들은 아등바등
가지기 위해 버둥거린다

죽을 때
가져가지 못함에도
자신의 그릇보다
더 담으려고
자신의 인생을 소비한다.

욕심을 버리고 나면
인생이 즐겁고 행복해 지는데
사람들은 무소유의 진리마저
욕심을 이루는 도구로 사용하며
스스로 불행의 골짜기에서 헤맨다

/제4부/

따스한 햇볕 아래

시인의 꿈이 꿈틀대며
가벼운 마음 담아 떠나는 여행

겨울나무

발가벗긴 몸으로
마른 햇살과 바람에
유린당한다

창백한 하늘
텅 빈 들판으로
그립고도 그리운
푸르른 노래들이
낙엽으로 떠돌고

견디기 힘든 굴종의 나날
이를 악물고 정신을 붙드는 것은
내 두꺼운 껍질 속에,
연초록 꿈들이
아직은 남아있기 때문이다.

이 겨울만 지나면……
이 겨울만 지나면……

늙은 詩人의 午後

어제는 후포 앞바다의 午後(오후)
인어 아씨와 손잡고 놀았다
멀리 날아가는 꿩이 갈매기처럼
새우깡을 좋아하는 갈매기는

젊은 여인이 주는 새우깡만 좋아하고
늙은 詩人(시인)이 주는 것은 좋아하지 않아
歲月(세월)의 무상함을 말하는 것일까?
바람 같은 인생 뱃머리에서 노래한다.

잘 참고 살아온 세월
칠십 평생을 웃고 노래 부르며
오늘을 즐겁게 살고자 하는
다리 절뚝이며 함께 달려왔다.

내 서러운 순간 함께한 인어 아가씨
멀리서 손짓하며 위험하게
바위 위를 절뚝이며 걷고 있는
늙은 詩人을 웃고 있다.

한가위 달

한가위 달이 둥근 것은
세상살이에 모난 마음
동글동글 채우라는 말씀

한가위 달이 환한 것은
세상살이에 어두워진 마음
온유한 빛으로 밝히라는 말씀

한가위 은은한 달빛의 길을
다독다독 걸으며
마음 띠 풀어 놓고
서로를 토닥여 주라는
높고 깊은 말씀

사랑해서 미안한 것들에게

너를
내 맘에 품은 것이 잘못이었다
품어서 가져서
너를 사랑한다고 중얼거려도
사랑이 아니라는 것을
나는 안다.

사랑이 온전히 되기 위해서는
너를 품지 말았어야 했다
너를 품는 순간
그것은 너와는
전혀 상관없이
너를 가지려는 욕심이 되었다.

너를 품으면서
너를 잃어버리고
사랑을 잃어버리고 나서야
세상의 사랑했던 것들이
혼자 가지고 싶어 한
이기심이라는 것을 알게 되었다.

미안하다
내가 사랑한 모든 것아

꿈을 찾아

어두운 사랑이 밝은 사랑으로 변했다
오랜 세월이 내 갈 길을 잡아주었다.

그대와 산과 바다로 새소리 파도소리에
마음을 달랜다.

바다에 배는 여기저기 떠 있고
바다는 출렁인다.

부둣가에 마주앉아
술 한 잔에 그대 향기 날린다.

곁에 두고도
그대 사랑에 목이 마른다.

어둠이 찾아와
그대의 손을 잡고
꿈을 찾아 떠난다

눈부심에 베이다

맑고 아름다운 청안한
가을 허공을 뚫고 내려온 햇살
반갑고 고마운 마음에
눈을 들어 보다가
잠시,
눈을 베여
캄캄한 세상을 만났다
신나고 고마운 일에 반하여
들뜬 마음이 앞뒤 가리지 않으면
그것에 베인다는 것을
가을을 밝히는 햇살에서 배운다

햇볕에 말린 이불

햇볕에 말린 이불을 덮으면
달큰한 냄새와
바싹거리는 감촉이
해라고 여기게 되어
실없이 웃다가도
축축하고 흐늘거리는 내가
해를 안아
반짝반짝 바싹거리고
광휘롭게 빛나는 것 같아
햇볕에 말린 이불 속에서
자꾸만 터져 나오는 웃음을 참을 수 없다
그렇게 해처럼 웃고 있으면
기억 아득한 저편에서
환하게 웃으며 따스한 손을 내밀던
네 사랑을 만나게 되어
해처럼 등을 동그랗게 말고
그 기억의 냄새를 깊이 들이마신다

아카시아 향기에 붙여

화사한 웃음을 비추는 태양에
드리워지는 그림자를 보면
두려워져 숨을 멈추지만
죽기를 각오하고 피우는가
제 피를 게워 올려 뜨겁게 피어나는 것들
오월 산을 하얗게 물들이는데 집중한다

활발한 생명의 호흡 소리를 들으면
정지된 시간의 얼굴을 만나
얼음보다 차가운,
하얗게 바래여 떠나는 걸음 뒤로
초록 눈의 뱀이 산을 기어오른다

언젠가 녹을 줄 알면서도
버티고 있는
아직도 버리지 못하고
깊이 감추어 두었던 희망의
모습이 색깔이 저럴 것이라

아직도 피지 못한 희망의
활발한 생명의 소리를 들으면
죽기를 각오하고
오월의 산을

향기로 모두 태우고 흩어진다.

너를 태운다고
우쭐대던 지난날에
속절없이 홀로 져버린 것은
비겁한 두려움의
늪을 지나지 못하고
너만 태우려고 안달이 났기 때문인 걸

오월의 어지러운
아카시아 향기의 발걸음에
너무 늦게 깨달아
다시 하얗게 울먹인다

두려움에 떨며
나를 태우지 못하고
너만 태우려고

울진 바다

바다는 어느 때에야 쉼을 얻을까
사람은 얼마를 누려야 행복할까
오늘도 허공을 향하여 손짓하며
야망의 눈을 굴리며 철썩인다

고요가 내리는 아름다운 울진 바다
한 마리 갈매기처럼
있으면 먹고 없으면 찾으라며
푸른 바다의 껍질로 속삭인다

내 영혼은
울진 바다를 자리 삼아
푸르게 푸르게 익어 간다

후포에서

나는,
여기 서 있네
고래가 살고 있지 않지만
고래를 간직하고 있는
후포에

바다는
푸르게 노래 부르며
하늘과 하나 되고
펼쳐진,
금빛 모래밭은
반가운 눈짓을 한다

십 년의 시간을 거슬러
다시 되돌아 온
내 귀에
푸른 송림의 향기
따뜻하게 속삭인다.

지나간 것은
모두 잊히는 것이 아니라
나를 만들어 가는
큰 시간의 조각이라고

나는,
여기 서 있네
가벼이 어깨춤을 추는
후포 바다 앞에서
지나간 날의 나와 어깨동무하고
눈부신 웃음의 시간을 만드네.

용궁암에서

용궁암 풍경은
이름 모르고
얼굴 처음 보고
행색 초라해도
노인 젊은이 아이
구분하지 않고
바람이 제 몸을 치면
은하수 흐르는 소리로
철없는 사람 누구라도
안아주고 달래주고
깃을 세운 파도를
잠잠하게 만든다.

용궁암에서
나는 거기에 두고
내 몸을 치는 것들에
맑은 소리를 내는
나는,
인간이기보다는
용궁암의 풍경이 되고 싶다

길

어제 걸었던 길을
오늘도 걷는다

어제의 내가
오늘의 내가 아니듯이
오늘 이 길도
어제의 그 길은 아니다

세상에
변하지 않는 것도 없다
모두가 낯선 길일뿐이다

언제나 두려움이 앞서지만
어제 그랬던 것처럼
오늘도 그렇게 걷는다

가슴으로 바람 한 줄기 지나고
시간의 등 뒤에서
새롭게 다가오는 길을 본다

후포항

바닷물에 출렁이며 줄을 맞춘 어선들
포구로 밀려드는 잔물결 사연들을
한 폭 한 폭 감싸 안으며
저 홀로 깊숙한 고요로 침묵하고 있다

한편의 아날로그 빛 그림자들이
느릿하게 지나간다
그 누구도 재촉하지 않는 밤바다 물결
찬란한 도심의 네온사인보다
더 가슴에 빛 멍울지게 한다

고요한 침묵으로 흔들리고 있는
후포항의 빛 그림자
성큼성큼 가슴으로 걸어 들어와
출항하라고 출항하라고 반짝인다

살아간다

살아간다는 것은
나를 팔고 다니는 것은 아닌가
생각이 들었다.

살아가는 것이 쏠쏠한 재미라는
철없는 사람들의
이야기를 만날 때마다
불쌍하다는 생각을 한다

사람답게 사는 게
여기 저기 품을 팔아
남보다 많이 벌고 잘사는 것이
자랑스럽다는 사람들의 이야기에
귓속이 시끄러워진다.

살아가는 것을
궁금해 하면서
살아간다.

해변 풍경

눈 아리게 넘실거리는
푸른 하늘 아래
나른한 햇빛을 쪼는
참새 몇 마리 분주한 길

청량한 바람이 매달린
창 넓은 밀짚모자 아래
다갈색 머리칼 파도처럼 출렁이며
크림 향이 묻어나는
원피스 아찔하게 흔들리는
하얗고 연약한 발자국을 따라
부드러운 그림자 나풀거리며 뒤를 따른다.

마른 공기가
어름같이 푸르다
코끝이 찡하다.

시월의 밤

시월의 서러운 사연
푸른 산에 볕살로 내려
눈물겨운 사연의 색깔로 물든다

잃어버린 것들은
두꺼운 껍질을 찢고 올라와
바다에 두고 온 섬 이야기를 들려준다

새벽별 질 때까지
풀벌레 울음소리
귓가로 철철 흘러내린다

길

입구가 없습니다
출구도 없습니다
어디쯤 왔는지
얼마나 남았는지
내 길을
내가 모르고 가고 있습니다.

돌아갈 길도 모르고
가면서도 알지 못하고
길은 숲이 되었습니다.

허둥대는 걸음에
가는 것인지
가만히 있는 것인지
인생은 그렇게 있습니다

인생은

얼굴엔 주름살이 늘어만 가고
거울 속에 내 모습이 세월이던가
함께 했던 사람 모두 떠나고
지금은 혼자 있구나

희뿌연 머리칼이 늘어만 가고
거울 속에 내 모습이 세월이던가
사랑했던 사람 모두 떠나고
지금은 혼자 있구나.

눈도 아득해진 세상이
희미해진 세월만이 친구이던가
바람에 힘없이 뒹구는
떨어진 낙엽들처럼

구부러진 허리가 힘없는 걸음마다
아~ 아
쓰린 기억이 나를 보는 얼굴에
눈물만 흐른다
쓰린 기억이 거울 속의 내 모습
눈물만 흐른다.

/제5부/

내일을 향한 꿈

무지개를 담고 있는
맑은 물방울에
지긋이 마음이 건너간다

옛정

노을에 아름다운
추억들만 되새기고

한 인연이 오랜 세월
가도 가도 연이 남아

옛정이
그리워함은
나이 들어 그립구나

어린 시절 그 정들은
오늘날에 그립고

정을 쌓던 친구들도
오늘에는 보이지 않아

그리움
삼키며 사는
우리들의 정이었네

지혜의 삶

화려함 좋다지만
지혜로움 배인 몸이
세상 삶이 살기 좋고
대우받는 사람 되고

겉치레
좋다 하지만
내실 있게 살아보세

가격보다 맛이 좋고
인정받고 대접받고
외향보다 내적인 삶
속내가 아름다워

사람은
지혜로워야
고운 삶이 되리라

까마득한 추억

깊어가는 가을
황금 들판 사이사이로
콩밭이 드문드문 보인다.

이때쯤 콩 수확 직전 콩잎을 따야만
보드라운 잎은 식용나물로
나머지는 소牛 겨울사료로 따서 말린다

어릴 때는 거친 콩잎 나물 싫었고
콩잎 따기도 힘들지만
비켜갈 수 없는 과정이었다

콩잎 딸 때가 넘어도
손도 대지 않고 있으니
이제는 필요가 없는 시대
장난꾸러기들 주전부리로
콩 서리 해먹던 재미도
까마득한 추억

선택

가다가
두 갈래 길을 만나
이쪽인가 저쪽인가 망설였네

가다가
여울진 강을 만나
건널까 말까 망설였네

이것이든 저것이든
그 때의 선택이
지금의 내가 된 길

잘한 선택인가
잘못한 선택인가
헷갈려
모르겠다

대게 축제와 풍파

한겨울
고추같이 맵고 추운 날
울진 대게 축제에
동해에선 거친 파도가
육지에선 거센 북서풍이 마주쳐
그 사이에서 우리는 샌드위치

동해에서 높은 파도 밀려오면
사나운 북서풍이 한사코 밀어내니
밀고 밀리는 전쟁터 되어
자욱하게 물보라 일고
그 속에 고운 무지개가 섰다

아침 안개처럼 자욱해
저무는 해변은 갈피를 못 잡게 어지러워도
게 눈 감추듯 먹어 치운 뱃속만은 푸근하다

만족

푸른 산 맑은 물 시원한 바람
산새들 노랫소리 곱지만
때로는 약육강식 먹잇감 되기도 하니
청정지역인들 언제나 좋은 것 아니네

사람들은 도심 속 공해에 숨 막혀도
양식 걱정 덜하고 안전지대 살아도
산새들 부러워하며
등산길 찾지 않는가

이 세상에 모두 만족한 곳 어디있나
풍요 속에도 언제나 빈곤은 있는 것
모자람을 조금씩 채워가다 보면
만족에 가까운 이상향에 다가설 수도

봄

녹색 농원 연못
흰 돛단배 봄을 싣고
연꽃 속으로 지나
늘어진 수양 버드나무 그늘에
시를 그려본다

물레방아 소리 폭포에 떨어진
물소리 연못가에 우는
자연의 소리

꽃향기 마시며 그림 같은
하얀집 농막에서
시 낭송을

주름

너무 가벼워서
눈에 보이지 않던 순간이
쉼 없이 삼켜도
배부르지 않던 시간이
곳곳에 절벽으로 앉았다

후회를 곱게 다져
약으로 삼켜도
상처를 버무려
한 그릇 냉수로 마셔도
아린 마음은 씻기지 않는다

밤낮 피가 마르도록
사랑했던 내 삶이
뚜벅뚜벅 남기고 간
발자국 앞에서
멍하니 내가 서있다

여행

마음이 떠난다
발자국보다
앞서거니 뒤서거니 짐을 꾸린다
마음은 젊음이다
하지만 약봉지 하나 더 늘어난 걸

한껏 멋을 낸 젊은이들
씽씽한 맵시가 아름답다
덩달아 밝아지는 마음

시인의 꿈이 꿈틀대며
가벼운 마음 담아 떠나는 여행
가슴에 흐르는 콧노래
삶을 붉게 물들인다

후포에 가면

파도가
흰 날개 펼치며 날아온다

물의 용트림
바다를 기어이 휘감고 만다

고요한 숲 속길
지친 여름이 쉬어간다

바람에 실려
바다가 통째 입 안에 들어온다

철썩이는 소리 따라
넘실대는 파도를 탄다

뜨거운 하루가
붉은 달빛으로 흥건하다

그곳에 가면
머언 먼 젊음의 여름이 있다

깊숙한 밤의 늪 속에
파란 별이 나를 잠재운다

구름 병아리

가든지 말든지
아무도 관심을 가져 주지 않는
파란 하늘에
짓이겨진 병아리 구름

세상은 만들어지고 지워지고
지워지고 만들어지고

바람 따라 흩어지고
나타났다
사라져 버릴
던져진 숙제로

웃음 찾고 즐거움 찾아나선
병아리 구름
훗날
어떤 구름 담아
파란 하늘에 떠 있을지

자연 찬미

비가 개이고
풀잎 끝에 맺힌 물방울이
햇빛에 반짝 빛나며
파란 하늘이 높기만 하여라
지루하였다. 장마는,
여기저기의 아우성 그치고
밝은 미소들이 넘치는 거리에
활기찬 걸음들이 바쁘다
따스한 햇볕 아래
푸른 나뭇잎이 싱그럽고
길가의 강아지는 즐거운 뜀박질
흰 구름 한 조각,
상큼한 바람 한 줄기,
이 모두가 삶의 희망이 되고
우리의 기쁨이어라.

담쟁이

봄이라 좋아했는데
찰나에 지나가는 시간이라
줄기도 뻗기 전에 너무 뜨거워
시원한 바람 한 줄기 불어오니
벌써 가을이라네

가지마다 피멍 들고
아무리 용을 써도 힘이 안 되네
양철 지붕 한쪽 덮지 못해도
부끄럽잖게 열심히 노력했다네
돌아보면 너 싫어 너 좋아
엎치락뒤치락 아옹다옹
겹쳐진 세월 참 길고도 짧았네.

파도를 보면서

멀리서 미친 듯이 달려와
몸부림치며 다가서는 파도는
주체할 수 없는 그리움으로
가슴을 파고들어 울어댑니다

내 짙은 그리움은
목청 찢어지는 파도소리에
아픈 눈물을 흘리고
슬픔은 칼날처럼 일어섭니다

산산이 부서진 우리사랑처럼
하얗게 나뒹구는 파도 앞에
고막 찢어지도록 고함을 지르다
그리움의 깊은 심연으로 빠져듭니다

내 안에 집

내 안에
집은 누구 것인가
지은 적이 없는데
우뚝 서 있는 집
문 여는 소리 들린다

내 안에
길은 내가 만들었는가
낯설지만 걸었던 길
걸어갈 길

내 안에
내 것이면서
내 것이 아닌 것이
내 것인 양
가득 하다.

때때로 그리운 사람을

우리는 늘 그 무언가를
그리워하기도 하지요
알 수 없는 이를 사랑하고픈
마음이 생기기도 합니다

막연한 그리움은
어쩌면 인생의 허무함에 대한
아쉬움이 되기도 하겠지요

그냥 살아가기엔
너무 허전한 삶이라
사람들은 모두 가슴에 하나
있지도 않을 찾지도 못할
그리움 하나씩 심어두고 있나 봅니다.

서리

하얀 꽃이 피었네
벌써 봄이 온 것이냐

철없는 강아지처럼
들썩이는 마음

마음처럼
몸도 철없었으면

겨울에
꽃을 다 보네

날개

바위에 앉아
날지를 못하는 갈매기
울음이 처량하다

날고 싶은 꿈은
날개에 묶여
허공을 그리워한다

유유히 날고 있는
갈매기의 날갯짓에
허공을 향한 눈에는
눈물이 고여 있다

날지 못한다고
서러워 울음 삼키던
내 모습이 거기에 있었다

많은 시간이 지난 뒤에 알게 된
날지 못해도 나는 것보다
더 훌륭하고 멋진 시간이 있다는 것을
날개에 흰 꽃이 필 때
알게 된 어리석은 내가 있었다.

소풍

두 밤 자면
소풍가는 날

엄마 우리 반 학생 모두
소풍가는데
보내주면 안 되나요

친구 도시락 같이 먹고
보물찾기 놀이 상도 받고
소풍갈래요

가고 싶어 하는 어린 마음
그래 소풍 가거라

엄마가 장날 사온 새 옷 입고
운동화 신고 모자 쓰고
사탕 주머니에 넣고
도시락 들고
큰소리

나 오늘 소풍간다

산수유

아직은 온갖 나무들이
꽃망울을 터트리지 않았건만
이른 봄을 알리기 마음 바빠
노오란 꽃 수술로 방긋 미소 짓는다

너의 아름다운 자태에
지나는 길손 우두커니 서서
아직도 싸늘한 새벽 기온에
염려하는 눈길을 보낸다

삶에 허덕이는
이들에게 내일을 향한 꿈을
가슴에 가득 담아 주듯
산수유 노랗게 피었다

바람아

바람아,
어디서 왔다가 어디로 가느냐
모습이 보이지 않으니
얼마나 편할까

봄에는 새 생명을 키워내고
여름에는 더위를 식히는 시원함
가을에는 온갖 열매들 익혀 주는
겨울에는 새 생명의 잠재력을 키우는

바람아,
너의 모습은 보이지 않지만
너가 이루어 놓고 가는 것은
나도 따라하고 싶은 발걸음이구나

모순

인간의
모순(矛盾)과 부조리는
자신과 타인으로 갈리어
선(善)과 악(惡)이
투쟁(鬪爭)과 부조리(不條理)가
자신의 속에서 공존한다

인간은
죽을 때까지
긍정과 부정의
대립으로 갈등(葛藤)하지만
자신의 일은 모두 정당화한다

| 작품 해설 |

버릴 수 없는 것들에 대한 세레나데

김영태
(명예문학박사·
전_한국문학비평가협회 부회장)

-하나의 완벽한 문장은 가장 위대한 생명적 경험의 절정에서 태어나는 것이다.-

레옹-폴파르그(Leon-paul Fargue)

한 사람의 글은 그 사람의 생애와 깊은 연관이 있고, 그 사람의 정신세계와 깊이 내통을 한다.

김종배 시인의 첫 시집 <엄마야 말 잘 들을게>의 해설 청탁을 받고 원고를 읽어내려 가면서 내가 만난 첫인상의 김종배 시인이 시의 곳곳에서 나를 반기고 있었다.

김종배 시인의 시는 단순하다. 기묘한 단어와 기교, 술수를 버리고 날 언어로 이야기하고 있다. 날 언어는 마치 온갖 이치를 깨닫기 위하여 수도를 거듭한 후에 원래로 돌아와 가장 단순한 것이 가장 깊은 뜻을 가지고 있다는 깨달음을 얻고 나서 나오는 득도의 사자후 같은 것이다.

날 언어의 시는 단순하여 읽기가 쉽고, 감동이 빠르다. 21세기 들어 일부 젊은 시인들을 중심으로 상상과 환상이 확대되고 사실적인 서정이 줄어든 미래형 시에 비하면 착하고 순한 시이다. 순한 시는 인간의 의지와 감정에 바탕에 두지 않으면 안 된다. 반대로 상상과 환상의 시는 연륜이 부족하다는 것도 된다. 풍부한 경함과 연륜에서 나오는 시는 경험과 연륜을 바탕에 두고 감정의 절제와 견고한 언어의 구축으로 쓰이지 않으면 난마에 얽히고 만다. 우리에게 들어오는 시는 언어 사용에 놀라고 표현에 감탄하는 시는 많지만 감동을 주는 시는 만나기가 어렵다. 쓱 읽히고 툭 다가오는 시는, 수수하면서도 탐이 나고 복잡하지만 쓰기 간편한 물건을 만들기 위해서 많은 연구를 하여야 하듯이 쓰는 입장에서는 까다롭고 힘들기 때문이다. 수수한 것으로 감동을 주기는 그만큼 어려운 일이다

김종배 시인의 <엄마야 말 잘 들을게>에 실린 시는 평범한 언어를 쓴 '신경림'과 읽기 쉽게 쓴 '나희덕'의 단순하고 간편한 시와 맥을 같이 하고 있다. 시가 쉽고 편안하다고 만만한 것은 아니다. 질박한 것이 가지는 멋과 기품은 화려한 것이 가지는 표피와 단발의 미를 거부하고 세월이 지날수록 더욱 명징해지는 미가 가지는 최상의 미로 수사가 없는 수사, 기교가 없는 기교, 단정하지 않은 단정함을 통하여 범속 한 곳에 비범함을, 잔잔함 속에 격앙을, 결핍 속에서 충만 등을 시인의 자리를 넓히지 않고 날실과 씨줄로 촘촘히 엮어 놓아야 한다.

자연스러운 얼굴로 온갖 시련과 불합리라는 거칠고 가파른 산을 이해와 신뢰라는 쟁기로 갈아 한 편의 시라는 나무를 심어 숲으로 일구어 놓은<엄마야 말 잘 들을게> 시집은 그래서 우리에게 위안이 되기도 하고, 통분을 일으키기도 하고, 공감의 눈물을 쏟게도 한다.

이제 김종배 시인이 들려주는 가슴의 북을 두드리는 시를 만나보자.

이른 새벽
목선 배 그물 싣고
바다를 향하여
노를 저으며 나아간다

어부는
어히야 디야 어히야 디야
노래 가락 맞추어
노를 젓는다

노래 소리 따라
던지는 그물마다
고기가 가득

하늘엔
햇빛이 만선이고
고기도 만선이요
기쁨도 만선이다
<고기 잡는 어부>

위 시는 어부의 일상을 아름다운 시어로 담아내며 삶의 소소한 기쁨과 자연과의 조화를 보여주고 있다. 이른 새벽 바다로 나가 고기를 잡는 어부의 모습은 마치 자연과 하나 된 듯한 평화로운 풍경을 연상시킨다. "어히야 디야 어히야 디야"라는 반복되는 노랫가락은 어부의 리듬감 있는 노동을 생생하게 표현하며, 동시에 자연과 소통하는 듯한 낭만적인 분위기를 자아낸다. 풍요로운 바다에서 가득히 잡힌 고기는 어부의 노고에 대한 보상이자 자연이 주는 선물임을 상징하고, 인간의 숭고한 노동에 대한 긍정의 이미지를 보여준다. 마지막 연의 "하늘엔 햇빛이 만선이고 고기도 만선이요

기쁨도 만선이다"라는 구절은 어부의 만족감과 행복을 절정으로 표현하며, 우리 삶을 어부로 비유하여 자연과 인간의 삶에 대한 긍정적인 자세를 보여주고 있다.

얼굴에 새겨진 주름은
함께 했던 사람들과
웃고 울던 시간의 흔적
모두 떠나고 혼자 남았네

희뿌연 머리칼은
사랑했던 사람들과의
퇴색되어 가는 기억의 흔적
저무는 시간에 혼자 남았네

사람들 떠난 자리
후포의 바닷바람 소리는
떠난 사람의 발걸음 흔적
아쉬움의 시간에 홀로 남았네

텅 빈 자리에 남겨진 왜소한 몸
거울 속의 내가 나를 보고
세월은 데리고만 간다고
아쉬운 눈물을 흘리네
<거울 속의 내 모습>

위 시를 읽으며 늙어가는 자신의 모습을 마주하는

화자의 애잔한 심정이 생생하게 느껴진다. 주름진 얼굴, 희뿌연 머리칼, 텅 빈 자리 등은 시간이 흘러감에 따라 변화하는 삶의 모습을 상징하며, 독자들에게 깊은 공감과 함께 삶의 유한함에 대한 성찰을 촉구한다. 특히 '후포의 바닷바람 소리'는 과거의 아름다운 기억을 떠올리게 하며, 현재의 고독과 대비되어 더욱 애절한 분위기를 자아내고 있다.

시인은 이 시에서 독자들에게 삶의 소중함을 일깨워주고, 시간은 누구에게나 공평하게 흘러가며, 우리는 그 과정에서 많은 것을 잃고 얻게 된다는 것을 들려주고 있다.

화자의 모습을 통해 우리는 삶의 무상함을 깨닫고, 지금 이 순간을 소중히 여기며 살아야 함을 깨닫게 된다. 또한, 떠나간 사람들에 대한 그리움과 아쉬움을 통해 인간관계의 소중함을 일깨워주고 있다.

엄마야 가지 마라
날 두고 가지 마라

밤이 되면 재워 놓고 떠날까
잠 한숨 못 자고
엄마 가면
누구하고 같이 사노

3월 달 입학식 날 새 옷 입고

가방 메고 엄마 손잡고
학교 가야 되는데
엄마야 가지 마라

학교 잘 다니고 공부 잘하고
말 잘 들을게
엄마야 가지마라
엄마야
<엄마야 말 잘 들을게>

위 시는 어린아이의 순수하고 절실한 마음을 아름다운 시어로 표현하고 있다. '엄마'라는 존재에 대한 깊은 애정과 불안, 그리고 엄마와의 이별에 대한 두려움이 생생하게 드러난다. 특히 "밤이 되면 재워 놓고 떠날까"라는 구절은 아이의 불안한 심리를 더욱 극대화하며, 독자들의 마음을 울린다. 시 전체를 관통하는 '엄마'에 대한 애정은 아이의 순수한 마음을 드러내며, 동시에 부모와 자식 간의 깊은 유대감을 보여주고 있다. 아이는 엄마와의 이별을 상상하며 밤잠을 이루지 못하고, 학교에 가는 날에도 엄마의 곁을 떠나기 싫어한다. 이러한 아이의 모습은 모든 자식들이 공통적으로 느끼는 엄마에 대한 그리움과 애정을 대변한다.

꽃을 피운 것 같은
가슴 가득한 포만감으로
볕 잘 드는 창가에 서서

꽃을 피우지 못하면서
자신이 피웠다고 착각하는 화병

시간이 지나서 꽃이 지고
다시 피우려 해도
피울 수 없을 때
자신이 꽃을 피운 것이 아님을
알게 된 화병의 깨달음

많은 시간이 흘러
늙고 병들어서야 알게 된
화병이 가진 진실
나는 이제야 시간 앞에 반성하네
<화병>

위 시는 단순한 사물인 화병을 통해 인간의 삶에 대한 깊은 성찰을 이끌어내고 있다. 우리는 때때로 자신의 노력과 능력을 과대평가하고, 모든 것을 자신의 힘으로 이룰 수 있다고 생각한다. 하지만 시는 이러한 인간의 오만함을 깨우치고, 삶의 진실을 겸허하게 받아들여야 함을 일깨워준다.
특히 "나는 이제야 시간 앞에 반성하네"라는 마지막 구절은 깊은 여운으로, 화병은 오랜 시간이 흘러서야 자신의 한계를 깨닫고 반성하지만, 우리는 삶의 중간에서도 이러한 깨달음을 얻고 변화할 수 있다고 시인은 들려주고 있다.
시인은 우리는 모든 것을 스스로 할 수 없으며,

자연의 순리와 시간의 흐름에 순응하여 겸손한 태도를 가지고, 자신의 능력을 과대평가하지 말고, 다른 사람과 자연에 대한 감사하는 마음을 가져야 한다고 우리에게 삶의 의미를 되새기고, 더 나은 삶을 살기 위한 지혜를 선사하고 있다.

바닷물에 출렁이며 줄을 맞춘 어선들
포구로 밀려드는 잔물결 사연들을
한 폭 한 폭 감싸 안으며
저 홀로 깊숙한 고요로 침묵하고 있다

한편의 아날로그 빛 그림자들이
느릿하게 지나간다
그 누구도 재촉하지 않는 밤바다 물결
찬란한 도심의 네온사인보다
더 가슴에 빛 멍울지게 한다

고요한 침묵으로 흔들리고 있는
후포항의 빛 그림자
성큼성큼 가슴으로 걸어 들어와
출항하라고 출항하라고 반짝인다
<후포항>

위 시는 후포항의 정적인 풍경을 통해 바쁜 현대사회에 지친 우리에게 잠시 숨을 고르고 여유를 찾을 수 있는 기회를 제공한다. 특히, "한편의 아날로그 빛 그림자들이 느릿하게 지나간다"는 표현

은 시간의 흐름을 아름답게 묘사하며, 과거와 현재가 공존하는 듯한 잔잔한 감동을 선사하고 있다. 마지막 연의 "출항하라고 출항하라고 반짝인다"는 구절은 새로운 시작을 향한 희망과 용기를 북돋아주며, 우리에게 삶의 활력을 불어넣어 준다. 시인은 후포항이라는 공간을 통해 삶의 다양한 의미를 담아내고 있으며, 고요한 밤바다의 빛 그림자는 우리에게 잠시 멈춰 서서 자신을 돌아보고 삶의 의미를 되새길 기회를 제공한다. 또한, 출항을 향한 빛은 새로운 시작을 향한 희망과 용기를 주며, 독자들에게 긍정적인 에너지를 선사하고 있다.

시에는 여러 가지가 있다. 해설과 분석을 하여야 감상이 가능한 시가 있고, 그냥 한 번 쓰윽 훑어도 단번에 내용을 알 수 있고 바로 느낌이 오는 시가 있다. 시에 대하여 어느 시가 좋다 나쁘다 할 수는 없지만 어떠한 시이든지 두 번 다시 들여다보지 않는 시라면 그 시는 실패하였다 할 수 있다. 실패하지 않은 시는 우리가 읽고 또 읽어도 찾게 되는 시이다. 우리는 그러한 시를 명시라고 부르기에 망설이지 않는다. 그러고 보면 명시는 읽고 또 읽어도 물리지 않고, 다시 찾게 되고, 저절로 다가오는 시이다. 해설과 설명을 곁들이지 않아도 절로 깨닫게 되고 동조하게 되고, 느끼게 되는 시는 찾기가 어려운 시임에 틀림이 없다. 그러한 시를 만나는 것은 시를 쓰는 사람이나 독자에게나 모두 행운이라고 할 수 있다.

김종배 시인이 발간한<엄마야 말 잘 들을게>에 그러한 시가 소복이 자리하고 있다.
시의 첫 행을 읽자마자 공감을 느끼게 하는 시.
여러 가지 분석이나 해설을 붙이기보다는 그냥 다시 한 번 더 읽어보고 싶은 시.
다시 한 번 읽어보면 더욱 명징하게 존재를 드러내는 시.
온갖 기교와 난설로 뒤범벅이 되어 시의 본질을 잃어버리고, 가식과 편향으로 시의 의미를 흐리게 하는 시가 우리를 피곤하게 하는 때에 아픈 가슴을 녹여주는 푸근한 엄마의 웃음과 시린 등을 다독거리는 따스한 아버지의 손길을 가지고 있는 김종배 시인의 첫 시집<엄마야 말 잘 들을게>는 잠시 걸음을 멈추고 시의 기쁨에 빠지게 만든다.